AF278655

DISCOURS

PRONONCÉ

Par M. GIROUD

Député de la première circonscription de Douai

A LA

DISTRIBUTION SOLENNELLE DES PRIX

Du Lycée de Douai

LE JEUDI 5 AOUT 1880.

DOUAI

L. CRÉPIN, LIBRAIRE-ÉDITEUR

23, RUE DE LA MADELEINE.

1880

DISCOURS

PRONONCÉ

PAR M. GIROUD

Député de la première circonscription de Douai

A LA

DISTRIBUTION SOLENNELLE DES PRIX

Du Lycée de Douai

LE JEUDI 5 AOUT 1880.

Jeunes élèves,

Je n'assiste jamais à une de vos fêtes scolaires sans une émotion difficile à maîtriser. C'est que j'aime la jeunesse au milieu de laquelle, moi aussi, j'ai longtemps vécu; c'est que j'aime ses sentiments généreux, ses aspirations ardentes qui, même irréfléchies, restent droites et honnêtes. Et puis vous êtes, enfants, l'espoir de la patrie, vous êtes la France de demain. Comment dès lors ne point être heureux de vos joies, ne point s'y associer? Ce que je ressens est également ressenti par ces magistrats éminents, par ces hauts fonctionnaires, par tous ces nombreux citoyens dont la présence, en ajoutant à l'éclat de cette solennité, lui donne son véritable caractère, celui d'une fête publique.

Ce sont bien en effet des fêtes publiques que ces réunions où nous accourons nous joindre à vos familles pour applaudir à vos succès.

C'est l'Etat qui nous y convie; c'est lui qui y préside, qui les fait célébrer avec pompe comme pour rappeler que l'éducation de la jeunesse est d'intérêt national et montrer qu'il en a cure et souci.

Quel est, quel doit être dans notre société démocratique le rôle de l'Etat dans l'enseignement? Je voudrais l'examiner avec vous, mais d'une façon sommaire, rapide, comprenant bien qu'après le discours si étincelant d'esprit que vous venez d'applaudir, je ne dois point essayer de retenir longtemps votre attention.

Faire naître et développer dans la jeunesse toutes les facultés de l'esprit et du corps, la rendre sensible aux beautés de la littérature, l'initier aux merveilles de la science, enfin lui inspirer avec l'amour du pays celui des institutions qu'il s'est librement données, c'est pour l'Etat l'un des plus impérieux de ses devoirs, parcequ'il répond à un des plus grands besoins publics.

C'est donc à bon droit qu'il a créé en France et méthodiquement organisé à tous les degrés un enseignement public libéralement distribué aux populations par des maîtres d'un mérite éprouvé et d'une honorabilité parfaite.

C'est aussi à bon droit qu'après avoir, respectueux de la liberté des familles comme de celle de l'esprit humain, reconnu à tous les citoyens qui se conforment aux lois la faculté d'ouvrir à côté des siennes, en concurrence avec elles, des écoles libres, il s'assure par ses inspecteurs si l'enseignement donné dans ces écoles ne contient rien de contraire à la morale ni aux lois.

Cette haute et double fonction d'enseigner et de surveiller, pour contenir et réprimer au besoin, il l'a déléguée à l'Université, grand corps, devenu par cette investiture, on l'a déjà dit, l'Etat lui-même enseignant.

Cette situation crée à l'Université une responsabilité redoutable. Il lui faut par des efforts continus, par un travail intelligent sur elle-même et sur ses méthodes, maintenir son enseignement à la hauteur des besoins nouveaux ou sans cesse grandissants d'une société en progrès. Elle doit par son exemple provoquer l'émulation des établissements rivaux, mais ne se laisser jamais distancer par eux, au contraire, les entraîner, les guider dans son orbite. La confiance des familles est à ce prix.

L'Université, Messieurs, tire de sa puissante organisation et de sa nature de grand service public une force morale que les différents régimes qui se sont succédé dans notre pays pendant la période des 80 dernières années devaient essayer de faire servir au triomphe de leurs vues politiques. Ils n'y ont point manqué ; mais, disons-le tout de suite à son honneur, sans grand succès.

Son fondateur, le premier Bonaparte, que son génie et son ambition effrénée favorisée par les circonstances avaient fait le maître absolu de la France, l'organisa d'abord, avec l'aide d'un ministre servile, de manière à en faire un instrument de domination sur les esprits et de main-mise sur les jeunes générations.

Ses maisons furent comme des casernes où tout parlait aux enfants du prince et de sa gloire. La discipline était militaire, presque claustrale ; l'obéissance, le principal des devoirs. On voulait, en ce temps, faire de la France un camp, et de ses fils des sujets et des soldats. Les lycées, les collèges , recevaient les chefs de l'avenir pour les préparer à leur futur rôle. Pour les autres, le menu peuple, rien. Point d'écoles primaires : il n'en était besoin pour cette chair à canon.

La Restauration vint qui trouvant, malgré tout, dans l'institution léguée par le despote, le culte intime toujours vivant des grands principes de 89, ne se résigna à la conserver que dans l'impuissance de la remplacer, mais en nourrisssant l'espoir de changer son esprit.

Elle s'y essaya vainement.

Ses efforts vinrent se briser contre la résistance morale du corps enseignant, fort des sympathies des classes éclairées dont les grands universitaires de l'époque, les Guizot, les Cousin, les Villemain, dans leurs livres et du haut de leurs chaires, exprimaient les sentiments libéraux et les légitimes revendications. Pas plus que l'empire, la Restauration ne se préoccupa de l'instruction du peuple. Pourquoi l'eût-elle fait ? Il ne comptait point : elle l'avait laissé sans droits politiques, lui demandant seulement de prier, produire et acquitter l'impôt.

Sans assises dans le pays dont elle froissait tous les sentiments, elle fut, après 15 ans, renversée par un coup de foudre. La monarchie sortie des barricades de juillet, qui devait à la générosité trop confiante du peuple son élévation, lui accorda par la grande loi de 1833, comme don de joyeux avènement, la charte de l'enseignement primaire.

C'était beaucoup faire sans doute pour les jeunes générations, mais point assez pour la masse des citoyens que le maintien du cens électoral écartait injustement encore de toute participation aux affaires publiques.

Quoi qu'il en soit, il se produisit à la suite de la Révolution de 1830 une efflorescence de chefs-d'œuvre et comme un renouveau dans les idées, dans les lettres, dans les études historiques, auquel l'Université contribua puissamment. Elle en profita elle-même pour étendre ses programmes, perfectionner son organisation et asseoir plus solidement son crédit et son influence dans le pays. Aussi se trouva-t-elle toute prête à le suivre dans les voies démocratiques où il s'engageait, lorsqu'en mai 1848, rompant avec la monarchie, il établit le suffrage universel et proclama la République. Elle l'y avait devancé par ses aspirations.

Ses adversaires, les nôtres, ne pouvaient le lui pardonner.

Quand deux ans après, les utopies dangereuses de ceux-ci, l'inexpérience politique de ceux-là leur permirent de saisir le pouvoir, ils n'epargnèrent à vos professeurs ni les avanies, ni les témoignages de leurs suspicions rancunières. Nombre d'entr'eux auxquels leur talent avait déjà fait une réputation dans l'École et dans le monde des lettres ou des sciences, se virent obligés de descendre de leurs chaires. Quelques-uns, dans l'attente de jours meilleurs, allèrent professer à l'étranger; les autres préférèrent défendre devant le pays, par leur plume, les idées libérales, patrimoine depuis 89, qu'on le reconnaisse ou qu'on le nie, de la Société française moderne.

Ils le firent courageusement, avec éclat,

avec succès pour nous. Je les salue en passant.

Cependant, malgré ces éliminations, l'institution vivait avec son esprit et sés tendances inéluctables. Elle restait pour les vainqueurs un obstacle, un danger. Un moment la question s'agita, comme en 1815, de supprimer l'Université. Le taciturne détenteur du pouvoir d'alors que déjà les complices futurs de son crime saluaient César, offrit à ses rivaux le gouvernement de ses maisons. Ils n'osèrent l'accepter : ils n'étaient pas prêts. Ils durent en attendant mieux se contenter d'édicter la funeste loi de 1850.

Sous le titre pompeux de loi pour la liberté de l'enseignement secondaire, cette loi n'établissait, en fait, la liberté qu'au profit des congrégations religieuses ; elle la refusait aux conférences et aux cours publics.

On restreignait dans les lycées l'enseignement de la philosophie, on écourtait les programmes des études dans les écoles normales primaires.

La loi déclarait facultatif, d'obligatoire qu'il était auparavant pour les départements, l'entretien de ces établissements indispensables aux progrès de l'enseignement populaire; elle rendait illusoires, tant elle les diminuait, les garanties de capacité exigées jusque-là des instituteurs ; enfin, elle consacrait formellement au profit des congrégations de

femmes vouées à l'enseignement l'équiva-
lence de la lettre d'obédience au brevet de
capacité.

L'Empire, né du nouveau 18 Brumaire
perpétré le 2 décembre 1851, ajouta encore
par ses coupables complaisances à ces dispo-
sitions dangereuses. Des appuis lui étaient
nécessaires dans le pays; il les cherchait et
les achetait.

La loi de 1875 sur la liberté de l'enseignement supérieur, en dépossédant l'Etat de
plusieurs de ses droits essentiels, fut le cou-
ronnement de ce monument législatif pseudo-
libéral. Nous en voyons aujourd'hui les déplo-
rables effets.

C'est la nation partagée comme en deux
camps ennemis se disputant passionnément
par l'éducation de la jeunesse le gouvernement des esprits et l'influence politique.
L'intérêt de cette lutte est grand. C'est l'avenir de la Société française qui est en jeu.

Rétrogradera-t-elle vers un passé qu'elle
semblait pour jamais avoir condamné ?

Ou bien se constituera-t-elle définitivement
sur la souveraineté du peuple à sa base, avec
la Libre-recherche pour arme de défense et
instrument de progrès, et la Justice pour fin?

En se donnant, par les manifestations mul-
tipliées, incessantes du suffrage universel, à la
République démocratique, seule forme gou-
vernementale adéquate à son esprit nouveau,

la nation s'est souverainement prononcée sur ces questions.

Elle est et restera la France de 89.

Pendant les phases successives de cette lutte gigantesque et presque séculaire de deux sociétés, l'Université, quoi qu'il lui en pût coûter, est demeurée courageusement *nôtre*. C'est sans doute, Messieurs, que ses maîtres ne peuvent entretenir commerce journalier avec les génies illustres, les grands penseurs qui sont la gloire de l'Humanité, sans y gagner force, respect de soi, amour ardent de la liberté.

Aussi la France nouvelle, rassurée par la sincérité et la persistance de ses sentiments, ne lui marchande-t-elle ni ses sympathies, ni sa confiance.

Les pouvoirs publics secondés par le grand ministre qui la dirige, ne refusent rient à cette fille aînée de la France, comme l'appelait excellemment, il y a peu de jours, le chef éminent de cette Académie.

Ses établissements sont mieux dotés ; ses écoles de tous les degrés se multiplient pour satisfaire aux besoins divers des populations; ses laboratoires, ses collections s'enrichissent; ses programmes sont révisés ; tout progresse chez elle.

Bien plus, par le changement radical que le législateur a introduit dans la composition et les attributions de ses conseils, il lui a abandonné pour ainsi dire le gouvernement d'elle-même. Aujourd'hui elle s'administre et se règle.

Le pays attend beaucoup de son patriotisme et de l'esprit de son enseignement pour faire de vous, jeunes gens, des hommes dominés dans leurs actes par le sentiment du devoir, des citoyens prêts à tous les sacrifices, amants passionnés des libertés conquises par vos pères au prix de quels efforts, de quelles souffrances !

Vous voudrez achever leur œuvre glorieuse en laissant à ceux qui vous suivront notre chère France pacifiée par la République, grande, libre, prospère, maîtresse d'elle-même et de ses destinées.

C. GIROUD

Député de la 1ʳᵉ circonscription de Douai (Nord).

Douai, le 5 août 1880.

7238. DOUAI. IMP. L. CRÉPIN.

IMPRIMERIE L. CRÉPIN
PATIENTIA
DOUAI